RÉPONSE

AUX NOMBREUSES CALOMNIES

QUE DES GENS DE BAS ÉTAGE ONT EXPÉDIÉES A NOTRE ADRESSE

RÉPONSE

AUX

NOMBREUSES CALOMNIES

QUE DES GENS DE BAS ÉTAGE ONT EXPÉDIÉES

A NOTRE ADRESSE

GABRIEL LAPOTRE

MÉDECIN-VÉTÉRINAIRE

A MOUTIERS-SUR-SAULX (Meuse)

LYON

IMPRIMERIE JEVAIN ET BOURGEON
Rue Mercière, 92.

—

1869

QUELQUES MOTS AUX LECTEURS.

En répondant, par une courte note, au blâme qu'on a jeté sur nous, nous n'avons pas la prétention de modifier la manière de penser des esprits sur notre compte. C'est là une tâche que nous nous garderons toujours d'entreprendre, parce qu'elle est bien au-dessus de nos forces et de notre pouvoir. Nous avons seulement voulu montrer que les manœuvres dirigées contre nous, ne nous étaient pas inconnues, pas plus que le triste état de la conscience de leurs auteurs ; et aussi le peu de cas que nous faisons de tout ce qui a été dit ou pourra l'être encore, ne prenant pour juge de notre conduite et de notre opinion que le tribunal de notre conscience. On médira de nous, on nous calomniera, on nous spoliera et, pourtant, nous serons toujours plus heureux que nos spoliateurs, attendu que nous avons pour nous la satisfaction que procure toujours la conscience du devoir accompli.

Nous devons dire encore au lecteur que notre réponse ne s'adresse qu'à un petit nombre de personnes : à ce nombre qu'on regarde comme la crasse, comme le *caput mortuum* de la société actuelle.

RÉPONSE

NOMBREUSES CALOMNIES

Que des gens du bas étage ont expédiées à notre adresse.

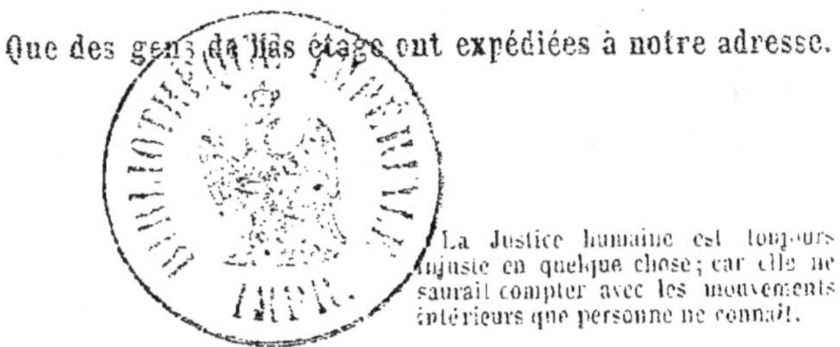

La Justice humaine est toujours
injuste en quelque chose ; car elle ne
saurait compter avec les mouvements
intérieurs que personne ne connaît.

D'une manière générale, on peut, dans la société moderne, définir la liberté, le pouvoir d'agir selon les inspirations de la conscience.

On définit encore la liberté un droit inaliénable, imprescriptible ; elle ne dépend pas plus des monarques que des peuples : c'est l'apanage de tout être humain. La volonté de tous ne peut pas plus contre elle que la volonté d'un seul.

Cependant, de nos jours, il n'est pas rare de voir ces principes violés jusque dans leur fondement. On se fait en quelque sorte un devoir, certaines personnes au moins, de méconnaître ces vérités primaires, sans lesquelles une bonne organisation de la société est impossible. C'est parce que nous avons été en butte à ces violences, à ces sarcasmes, pourrions-nous dire, que nous nous sommes décidé à prendre la plume, afin de répondre, en quelques mots, aux critiques acerbes qu'on a lancées contre nous ; et que, certes, ainsi que nous espérons le démontrer, nous avons été loin de mériter.

Nous ne comprenons pas, malgré toute notre bonne volonté, malgré tous nos efforts, pourquoi, dans notre siècle, qu'on appelle le siècle des lumières, il y a encore des gens, rares à la vérité, atteints de cette fièvre qui consiste à admirer toujours, ou plus souvent à blâmer quand même. Pourtant, chacun devrait savoir qu'*admirer toujours* est servile et que blâmer *quand même* est injuste.

Il nous semble, disons plutôt qu'il est évident que, contester souvent l'honnêteté des autres, c'est provoquer un sentiment qui vient réagir contre de telles attaques, et sous l'empire duquel on est porté à juger ses adversaires, comme on est soi-même jugé par eux.

Bien entendu que nous n'entendons parler ici que de la vie privée de l'individu, que des circonstances qui s'y rattachent, que des conséquences qui en découlent.

On oublie trop souvent que la vie privée de l'homme est sacrée aussi bien qu'inviolable : sacrée parce que le principe sur lequel elle repose est au-dessus, comme indépendant des volontés humaines ; inviolable parce que ses actions, quelles qu'elles soient, ne mettent en jeu les intérêts de personne, ne lèsent sous aucun rapport ce qu'on est convenu d'appeler le *libre arbitre*.

En bonne logique, on enseigne que lorsqu'un homme a

fait son devoir à l'égard de la société à laquelle il appartient, celle-ci n'est plus en droit de s'occuper de lui. Eh bien, nous demandons à nos détracteurs, et nous espérons qu'ils seront assez courageux pour nous répondre, en quoi avons-nous failli à notre devoir? Si leur réponse est négative, nous leur poserons cette autre question : d'où vient donc que vous vous occupez si souvent de nous! Ne serait-il pas plus convenable, plus sain, si l'on peut ainsi dire, que ces personnes s'occupassent d'elles-mêmes, sous le triple rapport de la profession, de la famille et du devoir?

Nous savons bien que, par suite de l'imperfection dont certaines gens sont pétries, et du caractère inférieur de quelques-uns de leurs penchants, l'œuvre ne s'accomplit pas sans efforts, sans défaillances, sans erreurs et sans égarements : l'homme choisit souvent le mal, quoiqu'il aime et connaisse le bien. Ce fait constitue dans la vie morale, la faute, le vice et le crime.

Mais nous rappellerons, aux personnes auxquelles ces paroles s'adressent, que des efforts heureux élèvent l'homme jusqu'au bien. On peut toujours par l'exercice et l'habitude, rendre la lutte contre le penchant de s'occuper des autres, de moins en moins longue et pénible. On apprend ainsi à se respecter soi-même, en respectant simultanément la société et ses membres.

Certes, loin de nous la pensée de faire ici un cours de morale, nous n'en avons ni le temps, ni le droit. Par les quelques lignes qui précèdent nous avons voulu montrer au lecteur que l'état de la conscience et de l'esprit des personnes qui ont débité sur notre compte *force médisance*, ne nous est pas tout-à-fait inconnu, ainsi qu'on le verra encore par ce qui va suivre.

Nous venons de dire force médisance, nous aurions dû dire *force calomnie*, puisqu'on nous accuse faussement d'entretenir, avec une personne dont nous tairons le nom, un *commerce* honteux. Et dire que ces accusations tombent de la bave envenimée de personnes sans considération, sans morale, la plupart sans pudeur, gâtées et corrompues jusqu'à la moëlle par les jouissances immodérées du sensualisme, insolentes au-delà de ce que permet la prospérité, faisant litière des intérêts les plus graves, à commencer par ceux de l'honneur qui doivent être sacrés, et bravant toutes les critiques faites sur leur réputation *vermoulue*.

Qu'elles apprennent et qu'elles retiennent, ces personnes, que nous n'avons point été élevé à leur école, et qu'il y a chez nous des sentiments d'une autre nature que ceux qu'elles nous supposent bien gratuitement.

Un fait non moins singulier, c'est qu'on rencontre encore des gens honorés et honorables à *presque* tous les titres, qui abritent, qui couvrent de leur responsabilité et de leur honneur les fautes des personnes dont nous venons de relater l'état moral. C'est là, disons-le en passant, un rôle bien peu enviable.

D'une source empoisonnée que nous connaissons, s'est écoulée une proposition que nous livrons au lecteur : « Le v. n'a ni cœur, ni caractère ; probablement qu'il doit être au fond un triste sujet. » Nous ne savons jusqu'à quel point l'auteur de cette lâche calomnie a eu occasion de nous observer ; dans tous les cas nous nous préoccupons peu de son jugement, attendu, comme on l'a dit, qu'il est des gens dont le mépris honore ; et que, d'un autre côté, nous sommes, depuis longtemps, jugé dans un sens que, nous osons le dire, l'avenir ne démentira pas, et par un passé qui nous permet de lever le front haut en passant dans la rue, et de rappeler à notre calomniateur qu'il s'est avancé, pour nous attaquer, sur un terrain où les chances de la victoire sont pour lui peu nombreuses.

Voyons donc un peu ce que vaut notre nouveau calomniateur, bien peu de chose probablement ; pourquoi, en effet, différerait-il de ses frères ou sœurs-d'armes, dont nous avons déjà fait l'histoire.

En l'examinant de près, nous trouvons tout d'abord un *personnage* sans éducation, sans instruction sérieuse, s'imaginant que la popularité, dont il se montre zélé défenseur, est considérée aujourd'hui comme une haute qualité, précisément parce qu'il la possède, et qu'elle lui est en quelque sorte nécessaire pour l'accomplissement de ses desseins. En continuant l'analyse de notre détracteur, on s'aperçoit que bien rarement il a le courage de dire la vérité ; qu'il est peu fidèle à ses devoirs ; qu'il n'est autre chose qu'un brouillon qui fait facilement une sottise dont il ne connait pas la portée; qu'il n'a ni moralité ni cœur. Et dire qu'il est arrivé qu'un tel *sujet* est allé jusqu'à compromettre la dignité et l'avenir d'honnêtes gens, cela est profondément triste. Qu'il interroge donc sa conscience, cet accusateur de mauvais aloi; qu'il se rappelle son passé se dressant accablant devant lui; et alors, le rouge de la honte qu'il voudrait, mais en vain, faire monter à notre front, apparaîtra resplendissant sur le sien.

Qu'avons-nous donc fait à la société, encore une fois, pour que quelques-uns de ses membres se *ruent* ainsi sur notre réputation ? Aurions-nous calqué notre conduite sur la leur ? non, car nous savons fort bien, mieux qu'eux, parait-il, qu'il y a des fautes qui relèvent de la justice et que la loi a mission de réprimer: ce sont les délits et les crimes, ou même les simples contraventions aux mesures que le législateur a dû prendre en vue du bien commun et de la sûreté publique.

Il en est d'autres, et ce sont celles qu'on a commises à notre égard, qui ne relèvent que de la conscience et qui sont exclusivement du ressort de la morale. Chacun de nous est justiciable d'un tribunal auquel préside sa conscience; pourtant bien des personnes ont oublié cette vérité quand il s'est agi de nous, se souciant de ce juge intérieur, de cette loi vivante qui est en eux, comme de rien. Ces personnes sont à l'antipode de cette perfection qu'on appelle vertu, et qui n'est point au-dessus des forces humaines, puisqu'il y a, même de nos jours, des exemples de vertu et des hommes vertueux. Celles qui se moquent des lois et de leurs prescriptions sont peut-être moins à plaindre, car enfin, elles doivent compte à la justice et elles n'échappent pas à sa vigilance.

Quant à celles qui se moquent de la liberté, du droit, de la morale et de l'opinion, qui nous calomnient nonobstant tout, elles sont si méprisables qu'on ne peut se défendre de les plaindre, surtout lorsqu'à l'abri d'une constitution quelconque, elles agissent mal impunément, n'étant retenues par aucune responsabilité.

Il y a là une anomalie monstrueuse que nous étudierons plus tard en détail. Quant à présent, nous croyons avoir ajouté assez d'ombres au tableau pour que nos acteurs s'y reconnaissent.

Nous dirons pourtant, dès aujourd'hui, que notre étude sera faite sans grand déplacement, tout à notre aise, attendu que les sujets sont nombreux et extrêmement féconds. Nous les prendrons à leur origine, nous les suivrons dans

leurs progrès, nous assisterons à leurs évolutions et à leurs
métamorphoses, nous les verrons grandir et se fortifier,
et quand les temps sont mauvais et la ruine imminente,
changer de masque et de peau, aux applaudissements
des imbéciles qui ne comprennent rien à la farce qu'on
leur donne pour les jouer plus sûrement, et avec l'aide,
le concours et la complicité des compères, des officieux,
des prophètes de mensonge, de ces roués qui se disent simples et qui semblables au canon des Invalides, pour rappeler
une belle image poëtique, « saluent toujours ceux qui arri-
vent et jamais ceux qui s'en vont. » Nous verrons bien alors
ce que valent ces adorateurs empressés du soleil levant.

Sublata causa tollitur effectus, a-t-on répété souvent. Si
les effets sont subordonnés aux causes, voyons donc un peu
de quelle cause dépendent les odieuses calomnies qu'on a dé-
versées sur nous, quelle est la nature de cette cause, si logi-
quement elle peut engendrer les reproches qu'on nous adresse,
et si on ne la retrouve pas dans le passé de ceux ou de
celles qui se sont faits les historiens ignares d'un acte qu'ils
n'ont jamais connu, par la raison bien simple qu'il n'a existé
et qu'il n'existe encore que dans leur imagination perverse,
viciée et enveloppée d'une croûte d'ignorance et de créti-
nisme, que nous n'aurions pas cru rencontrer de nos jours
dans un pays qui se pique d'être civilisé.

Nouer des relations avec une personne qui a été, anté-
rieurement à l'époque où nous nous trouvons, l'objet d'un
rapt, voilà, lecteurs, la cause et la cause unique sur laquelle
on s'est basé pour rendre toutes les paroles dont nous
venons de rappeler *l'esprit*. Tout ce qui a été dit en dehors
de ce fait que nous ne contestons pas, n'est que mensonge
et jalousie d'une part, et vengeance de l'autre.

Ce que nous avançons ici, nous sommes prêt à le soutenir et à le prouver, car nous possédons, pour celà, tous les arguments et toutes les pièces nécessaires.

Nous connaissons bon nombre de femmes qui feraient bien d'interroger leur conscience, ou leur vertu, avant que d'élever des doutes sur l'état de l'honneur des autres : les preuves physiologiques ont souvent mis à jour cette vérité incontestable.

Il y a même des personnes qui se font une sorte de fausse gloire d'arracher l'honneur à leur prochain *perfas* et *nefas* parce qu'elles ont manifestement et honteusement perdu le leur : triste apanage des âmes basses et misérables ; pauvre système dont tôt ou tard elles boivent l'amertume ! — Mais, *gens de rien*, vous visez parfois trop haut pour que vos traits puissent atteindre ceux que vous voulez frapper, et l'on est tenté de vous rappeler, comme à ceux qui voudraient marcher sur vos traces, ces beaux vers de Lefranc de Pompignan :

> Cris impuissant, fureurs bizarres !
> Tandis que ces monstres barbares
> Poussaient d'insolentes clameurs,
> Le Dieu poursuivant sa carrière,
> Versait des torrents de lumière
> Sur ses obscurs blasphémateurs.

Elles ne savent donc pas, ces âmes tarées, qu'au creuset de la pratique de la vie toutes les illusions s'évanouissent peu à peu ; que la vérité, un jour ou l'autre, se dégage de ses entrâves, en répandant sur ceux qu'elle intéresse un rayon de lumière qui permet de lire sur les fronts ce qui se passe dans les cœurs ; et alors, on reconnait bien ceux qui, pour arriver à leur but, ont employé des moyens misérables ; on voit que ce sont toujours des misérables.

On a beau dire que l'homme consciencieux observateur n'est jamais obligé de mettre le public dans la confidence de ses erreurs, ou du moins des exagérations auxquelles il a pu se laisser entraîner tout en restant de bonne foi, il arrive toujours un moment où il doit toute la vérité à ses lecteurs.

Certes, nous ne sommes pas à bout d'arguments et nous pourrions flétrir bien davantage ceux qui nous ont injustement attaqué, mais, nous préférons les laisser venir à nous à nouveau, afin de voir quelle espèce de mensonge et de calomnie ils vont maintenant nous adresser.

Dans tous les cas, pour conclure, nous dirons aux personnes qui se sont occupées de nous, que nous ne les craignons sous aucun rapport; que nous sommes toujours disposé à leur dire les vérités sur lesquelles elles ferment volontairement les yeux et à leur montrer qu'elles portent sur le front, écrits en caractères indélébiles, les honteux stigmates du vice, de l'ignorance, de la misère.

En terminant, nous ferons encore observer à certaines mères qu'elles feraient bien, au lieu de s'occuper de nous, de surveiller leurs filles et de leur enseigner les lois de l'honnêteté. M. Jules Simon, dans son livre intitulé *l'Ouvrière*, n'a pas eu tort de dire « *qu'il y a des mères qui conseillent à leurs filles de chercher un amant, parce qu'elles espèrent tirer de là quelques honteux profits.* »

C'est là une question toute d'observation, triste plaie des sociétés modernes aussi bien que des sociétés antiques, et qu'il nous était impossible de ne pas signaler aux gens qui ont parlé contre nous.

En résumé, nous protestons, et d'une protestation qui a un but moral, contre les manœuvres et les calomnies qu'on a dirigées contre nous. Aux personnes qui nous demande-

ront des preuves matérielles, nous répondrons qu'il y a d
preuves morales qui valent des preuves positives ; celles q
nous avons alléguées sont de cette nature : Pourtant, no
pourrions citer beaucoup de paroles publiées sur not
compte, et qui attaquent non seulement nos sentimen
professionnels, mais aussi notre honneur; on a ainsi exci
contre nous une partie de la population.

Et voilà ce que certaines gens appellent des moye
moraux; il nous semble que cette façon de penser est ant
sociale. En définitive, il y a un code permettant l'attaqu
contre certaines personnes, et qui, en même temps, le
interdit de se défendre. Nous croyons avoir ce code po
nous.

G. L.

Moutiers-sur-Saulx, 6 Juillet 1869.

Imprimerie Jevain & Bourgeon, rue Mercière, 92, Lyon.

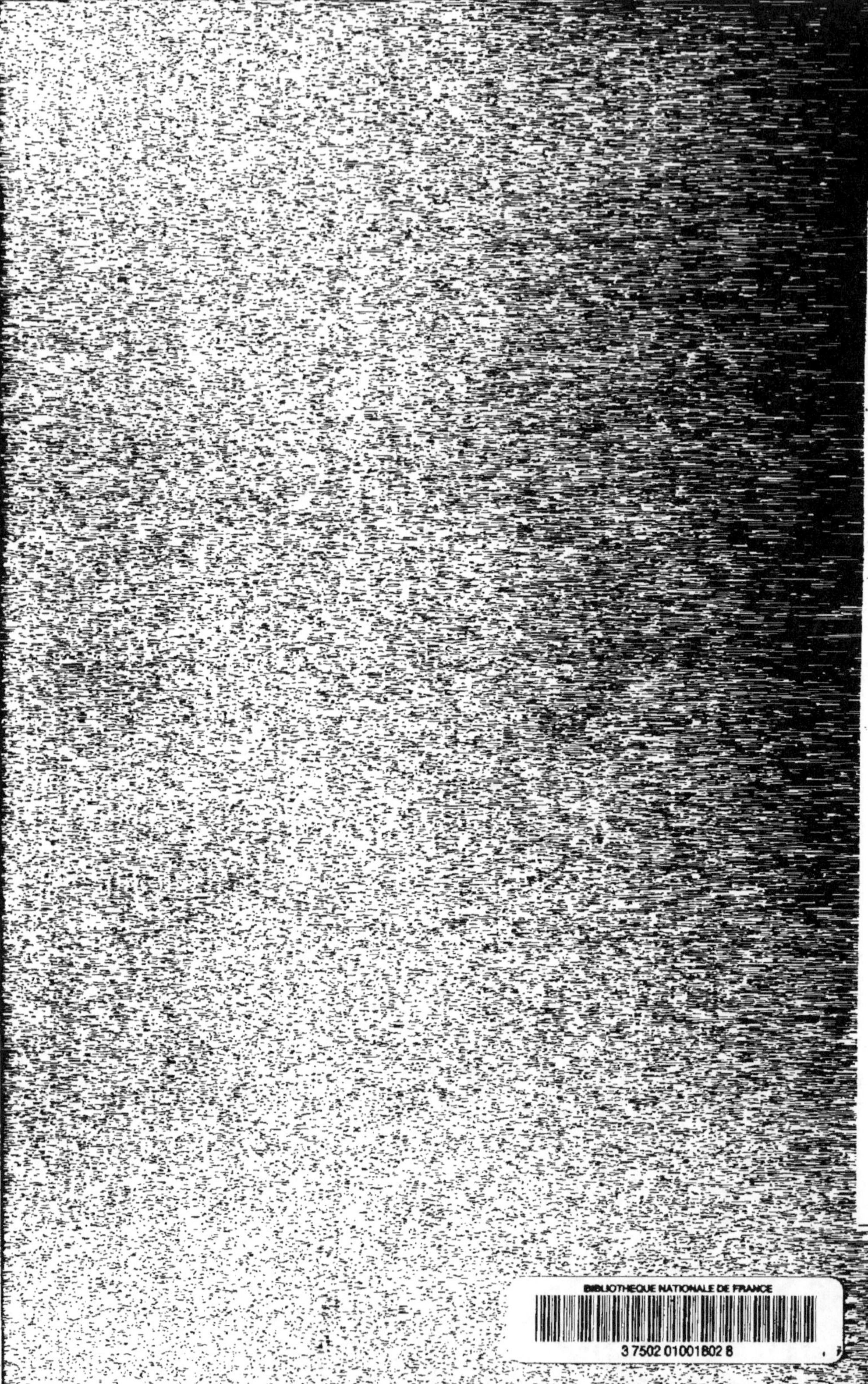